Schnörkellos und alltagsnah!

MEINE KÜCHE FÜR FAMILIE UND FREUNDE,
FÜR STADT, LAND UND LEUTE

EDITION 2

Diplom-Ingenieur Weinbau und Oenologie

Familienmensch

Musiker (Saxophon)

Passionierter Jäger

Aufsichtsrat
Badischer Wein GmbH
Freiburg

Lieblingswein
Grauburgunder
in allen Facetten

küche

10
2018
by m&h schmidt
Helen Schmidt
Diplom-Oecotrophologin
Familienmensch
Musikerin (Klarinette, Fagott)
Vinissima,
Frauen und Wein e.V.
Lieblingswein
Alle Sekte
und Dreisterne
…t Keller

Hier hatte doch einer

Wir leben in Eichstetten am Kaiserstuhl, dem größten und bekanntesten badischen Weinbaugebiet mit den höchsten Durchschnittstemperaturen Deutschlands. Die klimatischen Gegebenheiten gelten als nahezu mediterran. Klima und leicht erwärmbarer Löss auf vulkanischem Untergrund geben den Reben ideale Wachstumsbedingungen.

Eichstetten ist gleichermaßen bekannt für seine über 60-jährige Tradition im ökologischen Landbau. Heute werden 30% der landwirtschaftlich genutzten Fläche in Eichstetten nach Öko-Richtlinien bewirtschaftet.

Unser konsequentes Engagement ist Teil dieser Geschichte. Gesundheit und eine intakte Natur stehen in engem Zusammenhang mit dem, was wir kaufen, essen und trinken.

die Hand im Spiel!
KIEFER

Der passt!

Weißburgunder Tradition

Spätlese Trocken

Strahlendes Gelbgrün. Delikate reife Aromen von Äpfeln, Birnen und Quitten und ein geschmeidiges Mundgefühl mit zarter Säure machen diesen Wein geradezu aristokratisch. Das Holzfass gibt dem Wein eine größere Tiefe und Reife ohne merklich in Erscheinung zu treten.

Höchster Genuss
bei 8°–10°

Für 8 Personen
Zubereitungszeit ca. 20 Minuten

Frühlingssalat

MIT ORANGE

Eier	*8*	*in 8 Minuten hart kochen und abkühlen lassen.*
Pinienkerne	*8 EL*	*in einer Pfanne ohne Fett rösten.*
Salat-Mix	*400 g*	*und*
Mangold, evtl. roter	*800 g*	*klein zupfen bzw. die Stiele in feine Streifen schneiden.*
		Von
Orangen	*3*	*die Schale fein reiben, danach den Saft auspressen.*
		Saft mit
Naturjoghurt	*400 g*	
Honig	*4 EL*	
Öl	*2 EL*	*und*
Senf	*8 EL*	*zu einem Dressing verrühren und mit*
Salz		*und*
Pfeffer		*würzen. Salat und Mangold mischen und mit dem Dressing würzen. Mit geviertelten hart gekochten Eiern verzieren und die Pinienkerne darüber streuen. Eventuell mit*
Karottenraspeln		*verschönern.*

Der passt!

Grauburgunder
Trocken

Strahlendes Gelb.
Ein feiner Duft nach Quitten, Aprikosen und Mandeln verführen die Nase. Voller Körper und viel Extrakt, Kraft und weiche Fülle beeindrucken den Gaumen.

Höchster Genuss
bei 9°–10°

ECOVIN

Für 2 Personen
Zubereitungszeit ca. 20 Minuten

Löwenzahnsalat

Löwenzahnblätter jung	*100 g*	*putzen und in kaltem Wasser waschen. Anschließend 10 Minuten in warmem Wasser einlegen, damit die Bitterstoffe entzogen werden. Löwenzahn gut abtropfen lassen und in Streifen schneiden.*
Frühstücksspeck	*4 Scheiben*	*in einer beschichteten Pfanne knusprig braten, danach auf einem Küchenpapier zum Entfetten auslegen.*
Ei	*1*	*in 10 Minuten hart kochen, schälen und würfeln.*
Cocktail-Tomaten	*5*	*waschen und halbieren.*
Knoblauch	*1 Zehe*	*pressen. Aus Knoblauch,*
Rotweinessig	*2 EL*	
Salz		*und*
Zucker	*½ EL*	*eine Marinade anrühren. Mit*
Gemüsebrühe, flüssig	*6 EL*	*vermengen.*
Schalotten	*2*	*in feine Würfel schneiden.*
Brat-Olivenöl	*3 EL*	*in der Speckpfanne erhitzen. Die Schalotten darin glasig dünsten. Mit der Marinade ablöschen und kurz aufkochen. Noch lauwarm über den vorbereiteten Löwenzahn gießen und mit*
Pfeffer, frisch gemahlen		*würzen. Mit Speckscheiben, Ei und Cocktail-Tomaten garnieren und sofort servieren.*

Der passt!

Spätburgunder Weißherbst
Kabinett

Zartes Lachsrosé.
Die süße samtige Frucht
harmoniert hervorragend mit
dem finessenreichen Spiel aus
Säure und Süße.

Höchster Genuss
bei 9°–10°

Für 8 Personen
Zubereitungszeit ca. 20 Minuten,
2 Stunden kühlen

Couscous-Salat

Instant-Couscous	*500 g*	*mit heißem*
Wasser	*200 ml*	*aufgießen und 5 Minuten quellen lassen. Von*
Limette	*1*	*die Schale fein abraspeln und diese, sowie weitere*
Limetten	*2*	*auspressen. Limettensaft unter den Couscous ziehen. Limettenschale*
Olivenöl	*50 ml*	*und*
Honig	*3 EL*	*verrühren und unter den Couscous ziehen.*
Chilis, fein geschnitten	*2*	*halbieren und in feine Würfel schneiden.*
Cocktailtomaten	*400 g*	*halbieren.*
Zwiebeln	*2*	*in kleine Würfel schneiden.*
Gurke	*1*	*in feine Würfel schneiden und*
Petersilie, glatt	*1 Bund*	*fein hacken und alles mit dem Couscous mischen. Mit*
Minze	*½ Bund*	
Kräutersalz		*und*
Pfeffer		*würzen. Anschließend mindestens 2 Stunden im Kühlschrank durchziehen lassen. Vor dem Servieren noch einmal vermengen und je nach Geschmack mit*
Salz		
Pfeffer		
Limettensaft		
Olivenöl		*und eventuell*
Essig		*etwas nachwürzen.*

Der passt!

Mit den Wolken ziehen
Eine rassige Weißweincuvée
Trocken

Klar, kühl, weißfleischiges Obst und Blüten bestechen die Nase. Am Gaumen würzig mit frischen Zitrusaromen und viel Spiel. Ein spannendes Trinkvergnügen.

Höchster Genuss
bei 7°–8°

Für 4 Personen
Zubereitungszeit ca. 20 Minuten,
1 Stunde ziehen lassen

Brotsalat

Baguette vom Vortag	*150 g*	*in Würfel schneiden und in einer Pfanne ohne Fett rösten.*
Petersilie	*½ Bund*	*waschen, trocken schütteln und fein hacken.*
Tomaten	*200 g*	
Salatgurke	*1*	*und*
Paprika, gelb	*1*	*putzen, waschen und in kleine Würfel schneiden.*
Zwiebel, rot	*1*	*schälen und in feine Ringe schneiden.*
Knoblauchzehen	*2*	*schälen und fein hacken. Alle Salatzutaten und*
Kapern	*1 EL*	*miteinander vermengen. Aus*
Olivenöl	*6 EL*	
Rotweinessig	*3 EL*	
Salz		*und*
Pfeffer		*ein Dressing anrühren und über den Salat geben.*
		Mindestens 1 Stunde ziehen lassen. Vor dem Servieren
		noch einmal vermengen.

Die ersten 10 Jahre „Kiefer 1851 by m & h schmidt“ sind gelebt und geprägt. Die Laudatio für diese Erfolgsgeschichte hält die Natur, auf die wir zu hören gelernt haben, die uns erlaubt, sie mit Respekt und Einfühlungsvermögen zu begleiten, die uns mit Niederlagen konfrontiert und uns Flügel verleiht, die uns fordert und fördert.

Helen und Martin Schmidt starten 2008 mit einem radikalen, mutigen Image-Schnitt. Logo, Naming und Ausstattungs-Relaunch: Wein / Stil / Performance. Ein Bild, das sie mit Überzeugung in aufregenden, lebendigen und authentischen Weinen nach Draußen spiegeln. Mit Leidenschaft,

Enthusiasmus, bedingungsloser Konzentration auf Qualität, Nachhaltigkeit und Authentizität - im Keller und in der frischen, aufgeschlossenen Kommunikation. Im Jahr 2013 haben die beiden ebenfalls das elterliche, 1987 gegründete Weingut Schmidt übernommen und führen dieses als eigenständigen ökologischen Betrieb fort. Der angestrebte Dialog mit der Natur in der Bewirtschaftung ist nun schlüssig. Mit über 150 Hektar Weinbergen, die gemeinsam mit Vertragswinzern bewirtschaftet werden, zählt Kiefer heute zu einem der bedeutendsten Weingüter Deutschlands!

Der passt!

Grauburgunder HERZSTÜCK
Trocken

Strahlendes Gelb.
Ein feiner Duft nach Quitten,
Aprikosen und Mandeln
verführen die Nase.
Ein voller Körper mit viel
Schmelz, Kraft und weiche
Fülle beeindrucken den
Gaumen. Im kleinen Holzfass
ausgebaut.

Höchster Genuss
bei 9°–10°

ECOVIN

Für 4 Personen
Zubereitungszeit ca. 30 Minuten

Karottensuppe

MIT GETROCKNETEN TOMATEN

Karotten	*500 g*	*schälen und in kleine Stücke schneiden.*
Lauch	*250 g*	*in Ringe schneiden und im Sieb waschen.*
Olivenöl	*2 EL*	*in einem Topf erhitzen. Darin die Karotten und den Lauch ca. 5 Minuten andünsten. Mit*
Gemüsebrühe	*750 ml*	*und*
Grauburgunder	*100 ml*	*ablöschen. Gut aufkochen lassen.*
Majoran	*1 TL*	*und geschälten sowie klein gehackten*
Ingwer	*20 g*	*zugeben. Mit*
Salz		*und*
Pfeffer		*würzen. Bei schwacher Hitze 15 Minuten köcheln lassen. Währenddessen*
Getrocknete Tomaten	*8*	*in Streifen schneiden. Wenn die Karotten weich sind,*
Buttermilch	*300 g*	*unterrühren und alles mit dem Stabmixer fein pürieren. Mit*
Salz		*und*
Pfeffer		*abschmecken. In Suppentassen anrichten und mit den Tomatenstreifen garnieren.*

Der passt!

Sekt Pinot
Brut

Feine Burgunder- und Champagner-Note. Cremiger Schmelz und Fruchtigkeit. Er beschwingt mit seinem lebendigen und feinperligen Prickeln.

Höchster Genuss
bei 7°-8°

Für 8 Stück
Zubereitungszeit ca. 2 1/2 Stunden,
Ruhezeit 1 Stunde oder über Nacht

Sonntagsbrötchen

Wasser	50 ml	aufkochen und
Dinkelmehl Type 630	50 g	einrühren. Abkühlen lassen. Dann mit
Dinkelmehl Type 630	300 g	
Honig	1 TL	
Hefe, frisch	5 g	
Eigelb	1	
Butter	1 TL	
Salz	2 TL	und
Wasser, kalt	150 ml	mit den Knethaken einer Küchenmaschine zu einem glatten Teig kneten. Eventuell noch
Dinkelmehl Type 630	etwas	zugeben, bis sich der Teig gut vom Schüsselrand löst. Den Teig mit einem Tuch abdecken und 1 Stunde bei Zimmertemperatur oder über Nacht im Kühlschrank gehen lassen. Danach noch einmal gut verkneten, in 8 Stücke teilen und aus jedem ein Brötchen formen. Auf dem Backblech erneut 30 Minuten ruhen lassen. Den Backofen auf 220°C Ober-/ Unterhitze vorheizen. Die Brötchen mit einem Messer kreuzweise einritzen und ca. 20 Minuten goldbraun backen.

Der passt!

Sauvignon Blanc

Trocken

Der klare, fast perlmutfarbene Wein entwickelt einen Duft von Stachelbeeren mit vegetativen Anklängen von frisch gemähtem Gras und Brennneselblättern. Der Gaumen erlebt ein wahres Feuerwerk von saftiger Fruchtigkeit und erfrischender Mineralität.

Höchster Genuss
bei 7°-9°

Für 4 Personen
Zubereitungszeit ca. 15 Minuten

Brotaufstrich

MIT ZIEGENKÄSE

Pinienkerne	*1 EL*	*bis zu einer leichten Bräune in einer Pfanne ohne Fett rösten. Inzwischen*
Birne, klein und reif	*½*	*schälen, Kerngehäuse entfernen und sehr fein würfeln. Mit*
Zitronensaft	*1 TL*	*mischen.*
Estragon	*2 Stängel*	*waschen, trocken schütteln, Blättchen entfernen und diese fein hacken.*
Rosa Pfeffer	*½ TL*	*mit dem Mörser zerstoßen und zerreiben, dann mit Birne und Estragon unter den*
Ziegenfrischkäse	*150 g*	*mischen und mit*
Salz		*und*
Pfeffer		*abschmecken. Pinienkerne unterheben.*

Der passt!

Sekt Pinot Rosé

Trocken

Zartes Lachsrosé; feinfruchtige Aromen nach Erdbeere und Zitrusfrüchten, mit feiner Champagnernote. Elegante fein perlende Säurestruktur.

Höchster Genuss bei 6°–8°

ECOVIN

Für 4 Personen
Zubereitungszeit ca. 15 Minuten

Lachsschnitten

MIT ZUCCHINIFRISCHKÄSE

Zucchini, klein	*1*	*waschen, putzen und fein raspeln. Die sich dabei bildende Flüssigkeit ausdrücken.*
Zitrone	*½*	*heiß waschen und Schale fein abreiben.*
Basilikumblätter	*ca. 20*	*in feine Streifen schneiden. Alles mit*
Doppelrahm-Frischkäse	*150 g*	*verrühren und mit*
Salz		*und*
Pfeffer		*abschmecken.*
Toastbrotscheiben	*8*	*mit Frischkäse bestreichen und vier Scheiben davon mit*
Räucherlachsscheiben	*4*	*belegen. Den Lachs mit*
Zitronensaft	*etwas*	*beträufeln und mit den restlichen vier Toastscheiben belegen. Die Sandwiches zweimal diagonal in vier Dreiecke schneiden und auf einem Servierteller anrichten.*

Der passt!

Weißburgunder
Trocken

Strahlendes Gelbgrün. Feines vielschichtiges Bukett mit Anklängen von reifem, grünem Apfel. Sehr elegant und nachverlangend durch sein erfrischendes und lebendiges Säurespiel.

Höchster Genuss
bei 9°–10°

ECOVIN

Für 1 Form
Zubereitungszeit ca. 100 Minuten

Spargeltarte

MIT ZITRONENZESTEN

Mehl	*150 g*	*mit*
Butter	*100 g*	
Ei	*1*	*und*
Salz	*1 Prise*	*mit den Knethaken des Rührgerätes verkneten und den Teig ca. 30 Minuten kalt stellen.*
Spargel, weiß	*500 g*	*schälen und in wenig Salzwasser mit*
Butter	*1 TL*	*und*
Zucker	*2 Prisen*	*für 10 Minuten garen. Abgießen und gut abtropfen lassen. Den Backofen auf 180°C vorheizen, Teig ausrollen und in eine Tarteform legen, die Seiten fest andrücken. Auf den Teig Backpapier legen und mit*
Hülsenfrüchte		*bedecken, damit der Teig keine Blasen wirft. Auf dem Backofenboden ca. 20 Minuten vorbacken. Danach Hülsenfrüchte und Backpapier entfernen.*
Lauchzwiebeln	*2*	*putzen, in Ringe schneiden und mit dem Spargel auf den Teig geben.*
Ziegenfrischkäse	*100 g*	*mit*
Eigelb	*1*	
Eiern	*2*	
Saure Sahne	*80 g*	
Pfeffer	*etwas*	*und*
Zucker	*etwas*	*verrühren und über den Spargel gießen. Tarte auf mittlerer Schiene 35–45 Minuten backen bis der Guss stockt.*
Zitrone	*1*	*heiß abspülen, schälen, auspressen und Schale in feine Streifen schneiden. Zitronenschale, 1 EL des Zitronensafts und*
Zucker	*1 TL*	*erwärmen, bis sich der Zucker gelöst hat. Tarte mit Zitronenschale und*
Kerbel, frisch	*etwas*	*dekorieren.*

S.O.S. - Save our

Oder einfach übersetzt: Das Auge isst mit. Eine Weisheit, die sich nur allzu leicht durch einen schön gedeckten Tisch bestätigen lässt. Genuss ist guter Geschmack plus eine Prise Fantasie. In allen Lebens- und Genusslagen. Weil sich das Leben aus unzähligen Einzelheiten definiert, die beispielsweise auch bestimmen, ob wir uns wohl oder unwohl fühlen.

sensibility!

Der passt!

Rivaner
Feinherb

Frischer, heller Sommerapfel mit feinem Fruchtschmelz. Wirkt schlank und elegant. Im Finale fein mineralisch mit Rasse.

Höchster Genuss bei 8°–9°

Für 1 Blech
Zubereitungszeit ca. 40 Minuten,
Ruhezeit 1 Stunde

Holunder-Rahmkuchen

Weizenmehl Type 550	*250 g*	*mit*
Hartweizengrieß	*50 g*	
Salz	*1 TL*	
Sonnenblumenöl	*1 EL*	
Wasser	*150 ml*	*und*
Hefe	*½ Würfel*	*mit den Knethaken einer Küchenmaschine verrühren und in ca. 12 Minuten zu einem geschmeidigen Teig kneten. Den Teig 1 Stunde abgedeckt ruhen lassen. Backofen auf 190°C Heißluft vorheizen. Den Teig dünn auf ein Blech auslegen.*
Holunderblüten	*ca. 12 Dolden*	*gut waschen und abtropfen lassen.*
Saure Sahne	*400 g*	*mit*
Schlagsahne	*250 g*	
Eier	*2*	*glatt rühren. Mit*
Salz		*und*
Pfeffer		*würzen. Die Hälfte der Masse auf den ausgerollten Teig streichen und die Holunderblüten sowie*
Blaumohn	*50 g*	*auf den Kuchen streuen. Die restliche Masse auf den Kuchen träufeln.*
Butterflöckchen	*25 g*	*darüber geben und 25–30 Minuten im Backofen backen.*

Schmeckt warm am besten!

Der passt!

Cabernet Blanc-Sauvignon Blanc

Trocken

Aromen reifer schwarzen Johannisbeeren, Stachelbeeren und gerösteter Paprika lassen diese Cuvée zum Meisterwerk werden. Der Sauvignon Blanc versteckt sich nicht, sondern rundet den Cabernet Blanc perfekt ab. Ein besonders saftiger, mineralischer Wein mit unverwechselbarem Charakter.

Höchster Genuss bei 9°–10°

DE-ÖKO-039

Für 40 Stangen
Zubereitungszeit ca. 70 Minuten,
Ruhezeit 3 Stunden

Wildkräuterstangen

Wildkräuter	*ca. 50 g*	*Giersch, Löwenzahn, Quendel etc. waschen, trocken schütteln und fein hacken.*
Dinkelmehl Type 630	*300 g*	*mit*
Salz	*1 TL*	
Paprika, scharf	*½ TL*	*und*
Chiliflocken	*1 TL*	*in eine Schüssel geben.*
Magerquark	*200 g*	
Butter, kalt	*200 g*	*in kleinen Stücken sowie*
Hartkäse, gerieben	*50 g*	*dazugeben und mit den Knethaken einer Küchenmaschine zu einem glatten Teig verarbeiten. Zu einer Kugel geformt und in Frischhaltefolie gewickelt ca. 3 Stunden im Kühlschrank ruhen lassen. Den Backofen auf 200°C Ober- / Unterhitze vorheizen. Zwei Backbleche mit Backpapier auslegen. Den Teig in vier Stücke teilen und jedes Teil zu einer Rolle formen. Diese anschließend in je 10 Scheiben schneiden. Jede Scheibe auf der Arbeitsfläche mit etwas Mehl zu 15-20 cm langen Stangen rollen und auf die Bleche legen. Mit*
Eiweiß, verquirlt	*1*	*bestreichen. Die mit den Stangen belegten Bleche nacheinander 12 Minuten in den Backofen schieben und knusprig backen. Auf den Blechen auskühlen lassen.*

Martin Schmidt

Vulkanlöss / Bio Charakterweine

Immer wieder sonntags.
Für Kinder sind Sonntage oft langweilig.
Die Erwachsenen freuen sich auf eine kleine Auszeit, auf die freie Zeit mit der Familie und auf die gemeinsame Kaffeetafel.
Wann kommen denn jetzt endlich Oma und Opa mit dem Sonntagskuchen?

Der passt!

Cuvée C

Rotwein Trocken

Dunkles Rot mit violetten Reflexen. Eine innovative Rotweincuvée bestehend aus den pilzwiderstandsfähigen Rebsorten Cabernet Carbon und Cabernet Cortis sowie etwas Spätburgunder. Tiefe dunkle Fruchtaromen, fast ein Waldbeeren-Cocktail, beeindrucken die Nase. Kräftige Tannine und gute Würze schmeicheln am Gaumen.

Höchster Genuss bei 14°-18°

Für 1 Brot
Zubereitungszeit ca. 50 Minuten,
Ruhezeit 90 Minuten

Monkeybread
MEDITERRAN

Mehl	*370 g*	*mit*
Hefe	*½ Würfel*	
Zucker	*1 TL*	
Wasser, lauwarm	*150 ml*	
Milch, lauwarm	*60 ml*	
Salz	*2 TL*	*und*
Olivenöl	*1 EL*	*zu einem glatten Hefeteig kneten. In einer abgedeckten Schüssel 1 Stunde gehen lassen. In der Zwischenzeit*
Knoblauch	*2 Zehen*	*schälen und fein hacken.*
Basilikum	*20 Blätter*	*waschen, trocken schütteln und in feine Streifen schneiden. Beides mit*
Salz	*1 TL*	*und*
Olivenöl	*3 EL*	*verrühren.*
Cocktailtomaten	*8*	*waschen und halbieren.*
Mozzarella	*125 g*	*in Würfel schneiden oder auseinanderzupfen.*
		Eine Kastenform (8 x 22 cm) leicht einfetten. Den Hefeteig zu einer Rolle formen und in 24 gleich große Stücke teilen. Jedes zu einer Kugel formen. Die Kugeln in der Ölmischung wälzen und die erste Lage mit 12 Kugeln in die Kastenform setzen. In den Lücken die Hälfte des Mozzarellas verteilen. Dann die zweite Lage in Öl gewälzter Kugeln in die Kastenform setzen. Den restlichen Mozzarella darauf verteilen und mit Tomaten belegen. Die Form mit einem Küchentuch abdecken und erneut 30 Minuten gehen lassen. Währenddessen den Backofen auf 230°C Ober-/ Unterhitze vorheizen. Das Brot in den Ofen schieben und sofort die Temperatur auf 200°C reduzieren. Nach 30 Minuten Backzeit das Brot aus dem Ofen und aus der Form nehmen. Ohne Form erneut ca. 15 Minuten bei 200°C backen, dann wird es auch unten schön knusprig.

Der passt!

Müller Thurgau

Trocken

Zartes Lichtgelb zeigt sich im Glas. Im Duft begeistern reife Fruchtaromen. Die herbe Art bringt die tropischen Früchte wie Ananas und Melone richtig zur Geltung. Im Finale zeigt er eine feine Mineralität.

Höchster Genuss bei 8°-9°

Für 6 Personen
Zubereitungszeit ca. 40 Minuten

Käse-Speck-Zupfbrot

		Backofen auf 180°C Ober-/ Unterhitze vorheizen.
Bauernbrot	1 kg	gitterartig tief einschneiden, **aber nicht durchschneiden.**
Gouda	200 g	und
Emmentaler	200 g	in Streifen schneiden und abwechselnd in die Zwischenräume stecken.
Speck	50 g	in feine Würfel schneiden und ebenfalls in den Zwischenräumen verteilen. Das Brot auf ein mit Backpapier belegtes Backblech legen.
Butter	30 g	schmelzen und in die Zwischenräume träufeln. Dann das Brot - bis der Käse geschmolzen ist - ca. 20 Minuten überbacken.

Der passt!

Spätburgunder
Trocken

Leuchtendes Rubinrot.
Ein tiefer Duft nach
Waldbeeren mit pfeffrigen
Anklängen erfüllen die Nase.
Feste geradlinige Struktur
und eine herbe Säurefrische
beeindrucken den Gaumen.

Höchster Genuss
bei 16°-18°

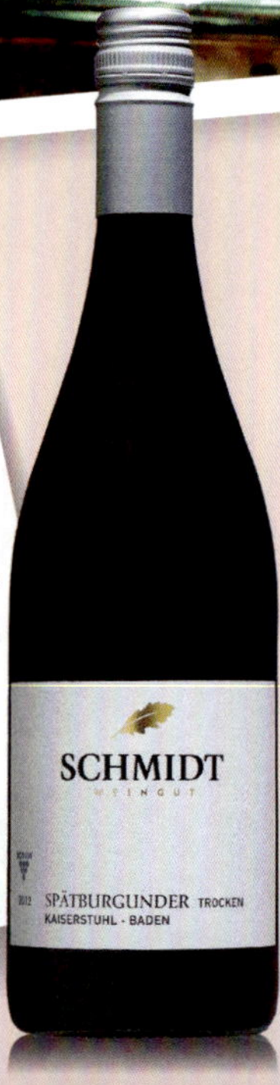

ECOVIN

Für 4 Personen
Zubereitungszeit ca. 50 Minuten

Hackbällchen-Tapas

AUS DEM OFEN

		Backofen auf 200°C Ober-/Unterhitze vorheizen.
Brötchen, altbacken	*2*	*in Wasser einweichen.*
Zwiebel	*1*	*hacken und in*
Olivenöl	*1 EL*	*glasig dünsten.*
		In einer große Schüssel die ausgedrückten Brötchen
Hackfleisch	*500 g*	
Ei	*1*	
Paprikapulver, edelsüß	*2 TL*	
Paprikapulver, scharf	*1 TL*	
Kräuter der Provence	*1 TL*	
Zimt	*¼ TL*	
Kreuzkümmel	*¼ TL*	
Salz		*und*
Pfeffer		*vermengen. Die Fleischmasse zu Bällchen von 4 cm Durchmesser formen und in einer Auflaufform im Backofen ca. 15-20 Minuten bis zur gewünschten Bräunung backen. Während der Backzeit*
Stückige Tomaten	*500 g*	*mit*
Wasser	*250 ml*	
Tomatenmark	*5 EL*	*und*
Kräuter der Provence	*1 EL*	*zu einer Tomatensoße anrühren und mit*
Salz		*und*
Pfeffer		*würzen. Die fertigen Hackbällchen mit der Soße übergießen. Alles mit in Scheiben geschnittenem*
Mozzarella	*250 g*	*belegen und mit*
Parmesan, gerieben	*etwas*	*bestreuen. Im Ofen bei 185°C Ober-/Unterhitze 20 Minuten überbacken. Mit*
Baguette		*servieren.*

Der passt!

Spätburgunder
Feinherb

Leuchtendes Rubinrot. Dieser fruchtbetonte Rotwein besticht durch reife Kirsch- und Himbeeraromen. Die zarten Tannine und der leichte Körper schmeicheln dem Gaumen.

Höchster Genuss bei 9°-10°

Für 4 Personen
Zubereitungszeit ca. 35 Minuten

Gebackener Fetakäse

MIT VIEL GEMÜSE

		Backofen auf 200°C Ober-/Unterhitze vorheizen.
Fetakäse	*400 g*	*halbieren und in eine Auflaufform legen*
Olivenöl	*4 EL*	*mit*
Kräuter der Provence	*2 EL*	*und*
Minze, getrocknet	*1 EL*	*vermischen.*
Cocktailtomaten	*250 g*	*halbieren.*
Paprika, gelb	*1*	*in Würfel schneiden.*
Zwiebel, rot	*1*	*halbieren und in Scheiben schneiden.*
Knoblauch	*2 Zehen*	*in Scheiben schneiden. Das Gemüse und*
Pepperoni, eingelegt	*8*	*sowie*
Kalamata-Oliven	*150 g*	*zum Käse geben, mit dem Öl übergießen und mit den Händen vermengen. Im vorgeheizten Backofen ca. 20 Minuten überbacken. Alternativ Käse und Gemüse in Alufolie einschlagen und auf dem Grill garen.*

Mit Baguette genießen.

Der passt!

Grauburgunder Tradition
Trocken

Sattes Goldgelb. Elegante Fruchtnoten nach Aprikosen und Mandeln verführen die Nase. Voller Körper und viel Extrakt, Kraft und Fülle beeindrucken den Gaumen. Das Holzfass gibt dem Wein eine größere Tiefe und Mineralität ohne in Erscheinung zu treten.

Höchster Genuss bei 9°-10°

Für 4 Personen
Zubereitungszeit ca. 30 Minuten

Spaghetti Carbonara

VON KÜRBIS UND GRAUBURGUNDER

Speck	*100 g*	*und*
Zwiebeln	*2*	*fein würfeln.*
Hokkaido-Kürbis	*600 g*	*in 2 cm große Würfel schneiden.*
Sahne	*200 ml*	*mit*
Eier	*4*	*verquirlen. Mit*
Salz		
Pfeffer		*und*
Majoran, getrocknet	*3 TL*	*würzen.*
Spaghetti	*500 g*	*nach Packungsangabe al dente garen. Inzwischen*
Öl	*1 EL*	*in einer Pfanne erhitzen. Kürbis, Speck und Zwiebeln anbraten bis die Zwiebeln glasig sind. Mit*
Grauburgunder, trocken	*200 ml*	*ablöschen und 6-8 Minuten dünsten. Nudeln abgießen, in der Pfanne mit Kürbis mischen. Die Eier-Sahne sofort zugießen und mit den heißen Nudeln mischen. Mit*
Zitronensaft	*etwas*	*abschmecken und sofort servieren. Je nach Geschmack mit*
Walnusskernen		*und*
Parmesan		*bestreuen.*

Der passt!

Auxerrois
Trocken

Eine Mischung aus Blüten und zarten Kräutern mit fein unterlegten pikanten Tönen bestimmen den Auftakt. Der fruchtorientierte Wein mit Burgunderanklängen präsentiert sich fruchtig, trocken mit einer erfrischenden Klarheit. Zum Glück gehört er zur Burgunderfamilie.

Höchster Genuss
bei 9°-10°

Für 4 Personen
Zubereitungszeit ca. 30 Minuten,
Ruhezeit 30 Minuten

Allgäuer Krautkrapfen

Mehl	*250–300 g*	*in eine Schüssel sieben. Dieses mit*
Salz	*1 Prise*	
Eier	*2*	
Rapsöl	*1 EL*	*und*
Wasser	*ca. 50 ml*	*mit Hilfe einer Gabel vermengen und auf einer bemehlten Arbeitsfläche zu einem glatten, festen Teig kneten. Evtl. noch etwas Wasser oder Mehl zugeben, damit der Teig geschmeidig, aber fest wird. Teig bei Raumtemperatur ca. 30 Minuten ruhen lassen.*
Sauerkraut	*500 g*	*mit etwas*
Auxerrois	*3 EL*	*ca. 10 min garen. Abtropfen und abkühlen lassen. Den Teig einmal teilen und zu zwei rechteckigen, sehr dünnen Fladen ausrollen; dabei immer wieder wenden. Mit dem Sauerkraut und je nach Geschmack mit*
Speckwürfel	*100 g*	*belegen. Von der Längsseite her aufrollen und in 3 cm breite Stücke schneiden. In einer Pfanne*
Wasser	*1 cm hoch*	*mit*
Salz	*1 Prise*	*und*
Butter	*20 g*	*zum Kochen bringen und dann die Krautkrapfen mit der Schnittfläche nach unten in die Pfanne stellen. Bei geschlossenem Deckel leicht köcheln lassen bis das Wasser verdampft ist (ca. 20 Minuten).*
		Zum Schluss die Krautkrapfen von allen Seiten in
Butter	*2 EL*	*knusprig braten und sofort servieren.*

Dazu passt gemischter Salat oder man genießt die Krautkrapfen als Beilage zu Fleischgerichten. Die Krapfen schmecken auch aufgewärmt richtig gut.

Der passt!

Sauvignon Blanc Innovation
Trocken

Die intensiven Aromen von Stachelbeere, Melone, exotischen Früchten, aber auch die vegetativen Anklänge von frisch gemähtem Gras und Brennnesselblättern prägen diesen Wein. Seine lebendige Frische und rassige Säure ergeben einen mineralischen Abgang.

Höchster Genuss bei 8°-10°

Für 2 Portionen
Zubereitungszeit ca. 45 Minuten

Schwarzwurzel-Risotto

Schwarzwurzeln	400 g	sorgfältig waschen, putzen und schälen, dritteln und sofort in kaltes Wasser mit
Zitronensaft	1 EL	legen.
Zwiebel	1	
Chili, rot	½	
Petersilie	1/3 Bund	
getrocknete Tomaten	1	fein hacken.
		Die Schwarzwurzel abtropfen lassen und die Hälfte davon in feine Scheiben schneiden. Restliche Wurzeln längs halbieren.
Olivenöl	2 EL	in einem Topf erhitzen. Zwiebeln, Schwarzwurzel-Scheiben und
Risotto-Reis	200 g	2 Minuten glasig andünsten und mit
Weißwein	100 ml	ablöschen.
Gemüsebrühe	700 ml	separat aufkochen lassen.
		Etwa 200 ml Brühe zum Reis gießen und das Risotto ca. 20 Minuten garen, dabei ab und zu umrühren, nach und nach die restliche Brühe zugeben, mit
Salz		und
Pfeffer		würzen. In der Zwischenzeit
Olivenöl	1 EL	und
Butter	1 EL	in einer Pfanne erhitzen und die längs halbierten Schwarzwurzeln ca. 10 Minuten darin braten. Mit
Salz		würzen,
Pinienkerne	1 EL	sowie Tomaten und Chili zugeben und weitere 5 Minuten braten.
Butter	2 EL	zum fertigen Risotto geben, kurz unterrühren, vom Herd nehmen und etwas ruhen lassen. Petersilie mit
Zitronenschale	1 TL	mischen.
		Risotto mit den Schwarzwurzeln auf Tellern anrichten, mit der Petersilien-Zitronenmischung bestreuen und servieren.

ES LOHNT SICH
EINFACH BESSER ZU SEIN:
RICHARD SCHMIDT
UND SEINE
SELBSTBEWUSSTEN
BRÄNDE.

Leidenschaft ist kreativer Brennstoff.

Die Sinne müssen durcheinander gerüttelt werden:
Augen tasten. Ohren erblicken. Nasen hören. Finger riechen.
Köpfe schmecken. (Kurt Weidemann · Grafiker-Legende aus Stuttgart)

Diese leidenschaftliche Aufforderung, die Lebensfreude neu auf den Prüfstand zu stellen, ist nur einer von unzähligen Anlässen, mit einem Schmidt-Brand anzustoßen.

Der passt!

Spätburgunder Rosé
Trocken

Jugendlich strahlendes Rosé.
Klare feinfruchtige Aromen
von Himbeere und Cassis.
Eine köstliche Frucht,
erfrischend herb.
Schmeckt nach mehr!

Höchster Genuss
bei 7°–9°

Für 4 Personen
Zubereitungszeit ca. 30 Minuten

Rosmarin-Kartoffel-Spieße

Neue Kartoffeln	*500 g*	*gründlich waschen und in 15–20 Minuten gar kochen. Kalt abschrecken und etwas auskühlen lassen.*
Rosmarinzweige	*4*	*waschen, trocken tupfen und die unteren Nadeln abstreifen.*
Knoblauch	*1 Zehe*	*schälen, Keimling entfernen und mit den abgezupften Rosmarinnadeln fein hacken. Beides mit*
Olivenöl	*3 EL*	*vermischen und mit*
Meersalz		*und am besten frisch gemahlenem*
Pfeffer, schwarz		*würzen.*

Kartoffeln vorsichtig auf die Rosmarinstiele stecken und mit dem Rosmarinöl rundherum einpinseln. Auf dem Grill unter Wenden etwa 5 Minuten grillen. Eventuell dabei erneut mit Öl bestreichen.

Der passt!

Weißburgunder
Feinherb

Strahlendes Gelbgrün.
Aromen von heimischen,
weißfleischigen Früchten
gepaart mit einem
anregenden Süße-Säure-Spiel
verleihen dem Wein eine
außerordentliche Eleganz.

Höchster Genuss
bei 8°-9°

Für 6 Portionen
Zubereitungszeit ca. 30 Minuten

Indischer Spinat

Frischer Spinat	*800 g*	*gründlich putzen, waschen und abtropfen lassen. Nach Belieben klein schneiden.*
Zwiebeln	*2 Stück*	*schälen und in dünne Ringe schneiden.*
Ingwer	*ca. 3 cm*	*schälen und fein reiben.*
Knoblauch	*2 Zehen*	*schälen und durch die Presse zum Ingwer drücken.*
Ghee oder Butterschmalz	*2 EL*	*in einer Pfanne erhitzen. Die Zwiebeln hineingeben und bei starker Hitze dunkelbraun anbraten. Danach bei reduzierter Hitze Ingwer und Knoblauch zugeben und etwa eine halbe Minute anbraten.*
Chilipulver	*¼ TL*	*und*
Kreuzkümmelpulver	*1 TL*	*und*
Kurkumapulver	*1 TL*	*sowie*
Korianderpulver	*1 TL*	*hinzufügen und bei mittlerer Hitze maximal 1 Minute rösten. Achtung, brennt leicht an! Spinat portionsweise in die Pfanne geben. Wenn er nach etwa ½ Minute zusammengefallen ist, die nächste Portion hinzufügen.*
Salz		*reichlich dazu geben und das Gericht bei mittlerer Hitze zugedeckt etwa 15 Minuten köcheln lassen.*
Sahne	*6 EL*	*und*
Frischkäse	*2 EL*	*vorsichtig unterrühren. Das Gericht mit Fladen- oder Hefebrot und Joghurt servieren.*

Der passt!

Spätburgunder Rosé
Trocken

Im Glas leuchtet ein zartes Rosé. Der Spätburgunder besticht durch ein klares, feinfruchtiges Aroma nach Himbeere und Cassis. Eine erfrischende Säure und animierende Mineralität zeichnen diesen Wein aus.

Höchster Genuss bei 7°–9°

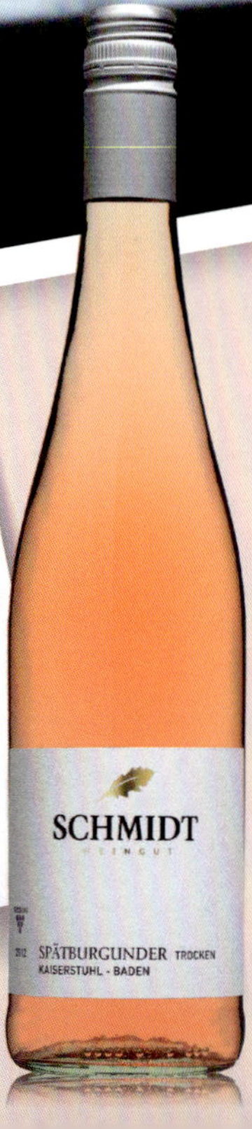

ECOVIN

Für 4 Personen
Zubereitungszeit ca. 30 Minuten

Lachs

MIT CHILI-HONIG-MARINADE

		Backofen auf 225°C Ober-/ Unterhitze vorheizen. Von einer
Zitrone	*½*	*Schale fein abreiben und die halbe Zitrone dann auspressen.*
		Den Saft mit
Chilisauce, scharf	*1 ½ TL*	
Honig	*1 EL*	*und*
Salz, grob		*vermengen. Den*
Lachs	*600 g*	*mit der Hautseite nach unten auf ein mit Backpapier belegtes Backblech legen und mit der Sauce bestreichen. Im vorgeheizten Backofen ca. 20 Minuten garen.*
Koriander- oder Petersilienblättchen	*2 EL*	*fein hacken und auf den fertig gegarten Lachs streuen.*

Mit Salat kann man so leicht ein sehr gesundes Essen servieren.

Der passt!

Spätburgunder Tradition
Spätlese Trocken

Leuchtendes Rubinrot.
Ein tiefer Duft nach
Waldbeeren mit pfeffrigen
Anklängen erfüllen die Nase.
Feste geradlinige Struktur
und dezentes Eiche-Aroma.

Höchster Genuss
bei 16°-18°

Für 6 Personen
Zubereitungszeit ca. 10 Minuten / 4+1 Stunden marinieren

Blutiges Pfeffersteak

Olivenöl	*6 EL*	*mit*
Spätburgunder, trocken	*6 EL*	*verrühren.*
Rindersteaks	*6 x 250 g*	*darin wenden und mindestens 4 Stunden im Kühlschrank ziehen lassen.*
Rosmarin	*3 Zweige*	*waschen und grob hacken.*
Pfefferkörner, bunt	*3 EL*	*grob zerdrücken und mit dem Rosmarin mischen. Steaks trocken reiben, Pfeffer-Rosmarin-Mischung auf beiden Seiten fest andrücken und 1 Stunde stehen lassen. Steaks je 1 Minute pro Seite scharf anbraten und dann in weiteren 1-6 Minuten bei geringer Hitze ganz nach Wunsch rare, medium oder well-done fertig braten. In fingerdicke Streifen schneiden, mit*
Salz		*würzen und sofort servieren.*

Wir haben gerne Gäste.

Im Weingut Schmidt sind Gäste immer herzlich willkommen. Bei uns können Sie sogar Ihre Ferien verbringen. Zwei großzügig geschnittene Wohnungen im Dachgeschoss mit voll ausgestatteter Wohnküche, Dusche/WC, Sat-TV, Geschirr, Handtüchern und Bettwäsche bieten jeden Komfort. Sie finden einen Fahrzeugstellplatz, gemütliche Sitzplätze und eine Grillgelegenheit im Innenhof. Bei einem Fläschchen Wein sind Sie jetzt ganz ‚zuhause' angekommen.

Ferienwohnungen Familie Richard Schmidt
Altweg 67 · D-79356 Eichstetten am Kaiserstuhl
Telefon +49(0)7663 6085390

HERZLICH
WILLKOMMEN
BEI DEN
SCHMIDTS

Der passt!

Spätburgunder Dreistern
Trocken

Dunkles Rubinrot.
Sehr würziger Duft nach Waldbeeren, unterlegt von Schokolade. Im Mund äußerst komplex und ungewöhnlich frische Frucht. Sehr feine und langlebige Tannine.

Höchster Genuss
bei 16°-18°

Für 4 Personen
Zubereitungszeit ca. 90 Minuten

Rehragout

MIT SCHOKOLADE

Rehragout	*800 g*	*in heißem*
Butterschmalz oder Öl	*2 EL*	*kräftig von allen Seiten anbraten.*
Durchwachsenen Speck	*150 g*	*würfeln,*
Knoblauch	*6 Zehen*	*fein hacken, beides zugeben und 5 Minuten schmoren lassen.*
Mehl	*5 EL*	*darüber stäuben und kurz mitrösten. Mit*
Sherry, trocken	*50 ml*	
Rotwein	*300 ml*	*und*
Rinderbrühe	*400 ml*	*ablöschen.*
Geschälte Tomaten	*1 Dose*	
Orange	*½*	
Zimt	*½ Stange*	*und*
Lorbeerblatt	*1*	*zugeben und zugedeckt bei schwacher Hitze ca. 30 Minuten köcheln.*
Kleine Zwiebeln	*500 g*	*schälen, vierteln, hinzufügen und weitere 30 Minuten schmoren lassen.*
		Orange kurz ausdrücken und samt der Zimtstange und dem Lorbeerblatt herausnehmen.
Edel-Bitterschokolade	*50 g*	*hacken und hinzufügen. Unter Rühren vollständig schmelzen lassen. Mit*
Salz		*und*
Pfeffer		*aus der Mühle abschmecken und servieren.*

Als Beilage passen Kartoffeln, Spätzle oder frisches Weißbrot.

Der passt!

Sauvignon Blanc
Auslese

Helles Gelb.
Überraschend frisches Aroma,
das an Früchte wie
Honigmelone und Stachelbeere
erinnert. Trotz seiner hohen
Dichte wirkt er leicht und
verspielt und animiert
zum nächsten Schluck.
Ein lebendiger und
anregender Wein.

Höchster Genuss
bei 8°–10°

Für 2 Personen
Zubereitungszeit ca. 15 Minuten

Erdbeer-Carpaccio

Erdbeeren	500 g	waschen und in Scheiben schneiden. Auf einem Teller anrichten.
Balsamico	3 EL	mit
Cassis	3 EL	verrühren und über die Erdbeeren geben.
Olivenöl	2 EL	darüber träufeln und mit
Pfeffer	etwas	würzen.
Parmesan, frisch	20 g	fein hobeln und
Basilikum	1 Hand voll	kurz vor dem Servieren über die Erdbeeren streuen.

Das passt!

Kirschwasser

Intensiv aromatisches Kirschbukett mit einem Hauch von Mandelblütenaroma. Mild im Abgang.

Höchster Genuss bei 12°-14°

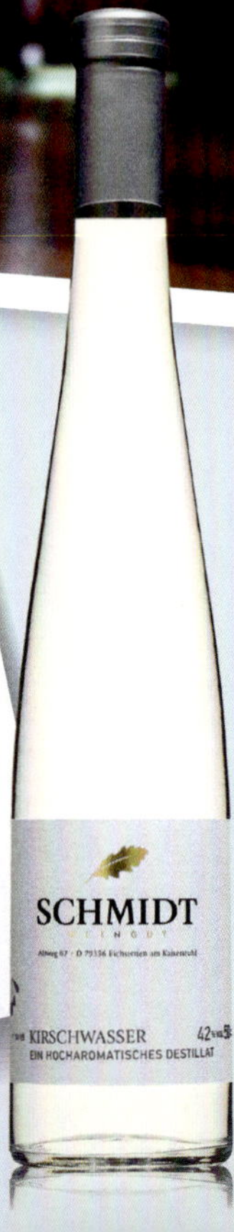

Für 6 Dessert-Gläschen
Zubereitungszeit ca. 15 Minuten

Schwarzwälder Kirsch

MIT SCHUSS

Schattenmorellen	*720 ml*	*abgießen und Saft auffangen. 250 ml des Saftes aufkochen.*
Stärke	*3 TL*	*mit*
Kirschwasser	*etwas*	*glattrühren und mit dem Schneebesen in den heißen Saft einrühren. Erneut kurz aufkochen und die Kirschen unterrühren. Etwas abkühlen lassen und in sechs Dessertgläser verteilen.*
Sprühsahne		*auf Kirschen sprühen.*
Schokokekse	*6*	*grob zerkrümeln und auf der Sahne verteilen.*

Der passt!

Die Freude teilen
Eine liebliche Rotweincuvée

Tiefes Dunkelrot mit violetten Reflexen. In der Nase rassige Würze und Aromen von Brombeeren und schwarzen Johannisbeeren. Im Mund deutliche, harmonisch eingebundene Restsüße mit einem schönen Finish der reifen Tannine.

Höchster Genuss bei 12°–16°

Für 12 Muffins
Zubereitungszeit ca. 35 Minuten

Glühwein-Muffins

		Backofen auf 175°C Ober-/Unterhitze vorheizen.
Mehl	*250 g*	*mit*
Backpulver	*2 TL*	*in eine Schüssel sieben. Mit*
Salz	*1 Prise*	
Zimt	*½ TL*	
Kardamon	*½ TL*	*und*
Muskatnuss	*1 Prise*	*mischen. In einer zweiten Schüssel*
Ei	*1*	*mit*
Öl, neutral	*80 ml*	
Zucker	*80 g*	
Vanillezucker	*1 Pkchen*	
Milch	*50 ml*	*und*
Glühwein, kalt	*200 ml*	*verquirlen, Mehlmischung unterheben, 25 Minuten im vorgeheizten Backofen backen und abkühlen lassen.*
		Für den Guss
Puderzucker	*80 g*	*mit*
Glühwein	*1-2 EL*	*glattrühren. Auf Muffins streichen und mit*
Borkenschokolade	*3 EL*	*verzieren.*

Der passt!

Schmetterlinge im Bauch
Sparkling Flight Rosé

Als erstes erinnert dieser Secco an schöne Frühlings- und Sommertage mit Erdbeeren und Himbeeren. Nur etwas frischer, fruchtiger, süffiger, beschwingter. Lassen Sie sich erfrischen!

Höchster Genuss bei 5°-7°C

Für 4 Gläser
Zubereitungszeit ca. 60 Minuten

KIEFER[s] Himbeerliebe

Himbeer-Vanille-Tee	*6 Beutel*	*mit kochendem*
Wasser	*1 L*	*aufgießen und mindestens 10 Minuten ziehen lassen, dann gut abkühlen. Den kalten Tee in ein Bowlegefäß geben und mit*
Himbeerlikör	*200 ml*	*und*
Schmetterlinge im Bauch Sparkling Flight Rosé	*750 ml*	*auffüllen.*
Himbeeren, tiefgekühlt	*600 g*	*dazugeben und eiskalt genießen.*

Achtung! *Leicht, fruchtig … lecker!*

Der passt!

Flausen im Kopf
Sparkling Flight Weiß

Strahlendes Gelb.
Frische Aromen von Zitrus
und Weinbergpfirsichen.
Dieser Secco begeistert
durch seine klare Frucht
und Mineralität.
Wir verlegen das Prickeln
ganz nach oben in die
Schaltzentrale.
Ziemlich freaky!

Höchster Genuss
bei 9°-10°C

Für 2 Gläser
Zubereitungszeit ca. 2 Minuten

Baden in Gin

Basilikumblätter	4	waschen und trocken schütteln.
Salatgurke	20 cm	waschen, schälen und würfeln. Beides mit
Zucker	20 g	fein pürieren und durch ein Sieb in einen Mixbecher streichen.
Limette	1	auspressen und zusammen mit
Gin	4 cl	und
Holunderblütensirup	4 cl	ebenfalls in den Mixbecher geben. Shaken und in zwei Gläser mit
Crushed Ice	2 EL	gießen. Mit
Flausen im Kopf / Sparkling Flight Weiß	20 cl	auffüllen.

Achtung! Für Gurken-Fans!

Friedrich Kiefer KG
Privatkellerei & Weingut
Bötzinger Straße 13
D-79356 Eichstetten am Kaiserstuhl

ECOVIN

Schmidt Ökologisches Weingut
Inh. Martin Schmidt
Altweg 67
D-79356 Eichstetten am Kaiserstuhl

Telefon	*+ 49 76 63 / 10 63*
Telefax	*+ 49 76 63 / 39 27*
Email	*info@weingutkiefer.de*
	info@schmidt-weingut.de

www.weingutkiefer.de
www.schmidt-weingut.de

Rezepte
Helen Schmidt

Konzeption & Gestaltung
Michael Otto Werbeagentur GmbH

Fotografie
Helen Schmidt
Ralf Kilian
Schmotz Fotodesign
Martin Schmidt Photography